L'APOLLYON

DE L'APOCALYPSE,

OU

LA RÉVOLUTION FRANÇAISE

PRÉDITE

PAR S. JEAN L'ÉVANGÉLISTE.

SECONDE ÉDITION,

Corrigée et augmentée.

Et habebant super se regem Angelum abyssi,
cui nomen hebraïcè *Abaddon*, græcè autem
Apollyon, latinè habens nomen *Exterminans*.
Apoc. VIII, 11.

A LYON,

Chez RUSAND, Imprimeur du Clergé,
rue Mercière, N.º 26.

1816.

INTRODUCTION.

L'Apocalypse est l'histoire allégorique de l'Eglise militante, depuis son origine jusqu'à la fin des siècles. Tel est le sentiment des SS. Pères et des Docteurs, dont le monde entier prononce le nom avec respect.

(S. Jérôme, *l.* 1, *Cont. Jovin.*)

« L'Apocalypse contient un nombre
» infini de mystères, qui regardent les
» temps à venir. »

(S. Augustin, *de civit. Dei, l.* 2, *c.* 8.)

« L'Apocalypse est une prophétie
» de ce qui doit arriver, depuis le
» premier avènement de J. C. sur la
» terre, jusqu'à son second avènement
» au dernier jour. »

(Tertulien, *de resur. car. c.* 15.)

« L'ordre des temps est montré au
» long dans l'Apocalypse, *in Apoca-*
» *lypsi ordo temporum sternitur.* »

Appuyés sur des autorités si respectables, nous avons pris pour guides les plus habiles interprètes, et nous sommes entrés dans ce sanctuaire des révélations divines, pour y chercher la prophétie des malheurs mémorables arrivés à l'Eglise, et des calamités qui ont affligé notre patrie et toute l'Europe. On ne manquera pas de nous accuser de témérité, pour avoir osé porter nos pas dans un sanctuaire si auguste et si redoutable. Nous répondrons que, bien que l'entrée en soit fermée par un voile, Dieu n'a point défendu à ses adorateurs d'y pénétrer, pourvu que ce ne soit point une vaine curiosité, mais l'amour de la vérité qui les y conduise.

Un certain pressentiment semble nous avertir que nos recherches n'ont pas été vaines. Au premier coup-d'œil on ne sera pas frappé de l'éclat de la vérité que nous croyons avoir découverte ; mais avec le temps elle percera, et les fidèles seront consolés d'apprendre que le terme que la sagesse éternelle a fixé à nos longues douleurs, est arrivé, et que les maux qui existent encore, ne sont autre chose que l'agitation des flots après l'orage.

L'APOLLYON

DE

L'APOCALYPSE.

I.

Les sept Signes prophétiques.

Tant et de si grands événemens, dont nous avons été témoins, ne sont-ils pas assez fameux, pour mériter d'avoir une place dans les écrits des hommes inspirés ? Les Prophètes, qui ont annoncé tous les faits principaux arrivés dans le monde, auroient-ils omis de prédire l'étonnante révolution, qui a si horriblement bouleversé l'Eglise et toute l'Europe ? non sans doute. Consultons les Livres saints, et nous y trouverons des traits frappans de lumière sur l'origine, les progrès et la punition de la secte impie, qui a causé des ravages si affreux et dans l'ordre de la Religion, et dans l'ordre de la société.

Dès que l'on parle de l'Apocalypse, la première pensée qui vient dans l'esprit d'une infinité de personnes, c'est de se rappeller

A

que les plus grands génies ont échoué dans l'interprétation de ce Livre mystérieux. On pense généralement qu'il est impénétrable, incompréhensible. Gardez-vous de partager un pareil préjugé. S'il étoit réellement inexplicable, à quoi serviroit-il, et pourquoi le Saint-Esprit l'auroit-il inspiré ? De quel usage pourroit-il être aux Fidèles, si personne n'étoit en état de découvrir les vérités qu'il renferme ? Comment S. Jean auroit-il pu dire au commencement de sa révélation : Heureux celui qui lit et qui écoute les paroles de cette prophétie, et qui met en pratique ce qu'elle renferme ? Donc il est possible de le comprendre. Il est vrai que la plupart des interprètes, qui ont entrepris de l'expliquer, se sont égarés dans leurs conjectures : c'est que l'on a compris trop tard, que n'étant composé que d'allégories et d'emblèmes prophétiques, il ne devient intelligible qu'à mesure que les évènemens, qu'il annonce, se préparent et s'accomplissent. Par cette même raison, il seroit encore téméraire aujourd'hui de vouloir l'expliquer en son entier. Il n'en est pas moins certain que les savans, qui ont écrit sur ce Livre admirable, ont tous découvert de grandes vérités. A force de méditation et de travail on est parvenu à en trouver la véritable clef ; la voici :

(3)

Dans l'Apocalypse tout marche par sept ;
les sept Eglises de l'Asie, les sept sceaux du
Livre mystérieux, les sept trompettes qui an-
noncent des calamités, les sept coupes de
la colère de Dieu. Sous ces divers emblèmes
l'apôtre S. Jean dépeint les principales situations de l'Eglise militante, à sept époques
différentes qui doivent se succéder jusqu'à la
fin des siècles ; de sorte que toute la durée
de l'Eglise, depuis son établissement sur la
terre jusqu'à sa glorification dans le ciel, est
divisée en sept âges. Or, ce qui est renfermé sous
les quatre premiers sceaux, ce qui est annoncé
pas les quatre premières trompettes, ce qui
est désigné par les quatre premières coupes,
ce qui est figuré par les quatre premières
Eglises de l'Asie, est déjà parfaitement accompli. On regrette de ne pouvoir ici vous en
donner un détail abrégé ; vous seriez frappés
de la précision avec laquelle S. Jean prédit,
par des figures admirables, l'établissement,
les combats, les triomphes, les conquêtes
de l'Eglise ; la punition des persécuteurs et
des peuples païens ; la naissance, les progrès
et l'extinction de l'Arianisme ; la destruc-
tion de Rome païenne et de l'Empire Romain ;
les fureurs et les ravages du Mahométisme ;
le schisme des Grecs, tous les événemens les
plus célèbres des premiers siècles de l'Eglise.

A 2

S'il reste quelqu'obscurité dans certains passages , ce n'est rien en comparaison de la
clarté et de l'évidence avec laquelle la plupart des textes sont interprêtés. Veuillez vous
contenter de cette notion générale. Un voya-
geur qui est pressé d'arriver au terme de son
voyage , ne peut s'arrêter à observer long-
temps les divers objets qui se rencontrent
sur sa route. Ainsi , nous n'expliquerons que
ce qui concerne le cinquième âge , celui dans
lequel nous sommes placés , et qui déjà touche
à sa fin.

Tout se réduit à donner l'interprétation
du cinquième sceau , de la cinquième trompette , de la cinquième coupe , et de la cinquième Eglise de l'Asie.

I I.

Le Livre mystérieux. *Apoc. C. V.*

SAINT Jean aperçoit un trône dans le ciel ,
et dans la main droite de celui qui est assis
sur le trône , un livre scellé de sept sceaux.
Or , il ne se trouve aucune créature , ni dans
le ciel , ni sur la terre , ni dans les abîmes ,
capable de l'ouvrir. Alors un agneau portant
les marques de sa récente immolation , ayant
sept yeux et sept cornes , paroît debout sur

le trône de la divinité , et ouvre . le Livre mystérieux.

Il est d'abord visible que ce Livre renferme les desseins du Très-Haut , impénétrables à toute intelligence créée ; c'est pour cela qu'il ne se trouve , dans toute l'étendue de la création , aucun être capable de rompre les liens qui le tiennent fermé. Les sceaux sont au nombre de sept , parce que le Livre renferme les desseins de Dieu sur son Eglise à sept époques principales. L'agneau portant les marques de son immolation , c'est J. C. Il se tient debout sur le trône , parce qu'il est le Fils de Dieu. Il a sept yeux , symbole de sa Providence qui veille sur l'Eglise pendant toute la durée des sept âges ; il a sept cornes , symbole de sa puissance qui fera triompher son Eglise dans les sept principales situations qui doivent modifier son existence sur la terre.

Comme il n'entre point dans notre plan d'expliquer ce qui est renfermé sous les quatre premiers sceaux , nous passerons de suite à l'ouverture du cinquième. Voici le texte littéral suivi de l'interprétation.

I I I.

Ouverture du cinquième sceau. *C. VI.*

9. *Et cùm apperuisset sigillum quintum, vidi subtus altare animas interfectorum propter verbum Dei , et propter testimonium quod habebant.*

« L'agneau ayant ouvert le cinquième sceau,
» je vis sous l'autel les ames de ceux qui
» avoient souffert la mort pour la parole de
» Dieu , et à cause du témoignage qu'ils
» avoient rendu à la vérité. »

Il est évident, d'après ce texte, que la cinquième époque sera pour l'Eglise un temps de persécutions et de calamités. Elle avoit joui de la paix pendant une longue suite de siècles; du moins si elle avoit eu constamment quelques combats à soutenir , très-peu de ses enfans avoient souffert le martyre ; mais voilà que le sang des Chrétiens fidèles commence à couler, comme dans les premiers siècles. S. Jean aperçoit les ames des nouveaux martyrs sous l'autel , pour signifier qu'ils ont été immolés à la gloire de la Religion , comme des victimes offertes en holocauste. Vous verrez bientôt que ce sont les victimes immolées par le glaive de l'hérésie et de la philosophie.

10. *Et clamabant voce magnâ dicentes : Usquequò, Domine, Sanctus et verus, non judicas, et non vindicas sanguinem nostrum de iis qui habitant in terra ?*

« Et ils crioient d'une voix forte en disant :
» Seigneur, qui êtes le Saint et le véritable,
» jusques à quand différerez - vous de faire
» éclater votre justice et votre vengeance
» contre les habitans de la terre, qui ont
» répandu notre sang ? »

Est-il rien de plus juste que ces plaintes des martyrs ? Seigneur, laisserez-vous encore long-temps impunis les traitemens sanglans et atroces exercés contre les fidèles enfans de votre Eglise ? Vous êtes la sainteté et la vérité même : vous avez annoncé qu'il viendra un jour terrible, où les impies seront confondus et punis comme ils le méritent. Quand est-ce donc que vous rétablirez l'ordre véritable ? Le jour de votre justice est - il encore bien éloigné ?

11. *Et datæ sunt illis singulæ stolæ albæ : et dictum est illis ut requiescerent adhuc*

tempus modicum, donec compleantur conservi corum, et fratres eorum, qui interficiendi sunt sicut et illi.

« Et on leur donna à chacun une robe blan-
» che, et il leur fut dit, qu'ils attendissent
» en paix encore un peu de temps, jusqu'à
» ce que fût rempli le nombre de leurs col-
» légues et de leurs frères, qui devoient être
» mis à mort comme eux. »

On leur donna à chacun une robe blanche, symbole de la félicité suprême dont ils sont mis en possession, en attendant le grand jour des vengeances du Seigneur. Le nombre de ceux qui doivent rendre témoignage à la Religion, par l'effusion de leur sang, n'est pas encore rempli. Il faut donc que les nouveaux martyrs attendent en paix encore un peu de temps, avant que pleine et entière justice se fasse. Ces paroles sont remarquables, et nous indiquent clairement que la persécution contenue sous le cinquième sceau, sera l'avant-dernière. Il ne restera plus que celle de l'Ante-Christ qui doit paroître sur la fin des temps. C'est lui qui portera l'impiété au plus haut degré d'insolence, et surpassera en malice et en cruauté tous les persécuteurs qui auront paru pendant la durée des âges, et qui doivent être regardés comme ses précurseurs. Alors le nombre des martyrs sera complet et le jugement sera proche. Mais quelle sera l'origine, la nature, les progrès et la fin de la persécution prédite pour le cinquième âge ; c'est ce que va nous annoncer la cinquième trompette.

I V.

Prélude des Trompettes. *Apoc. VIII.*

IMMÉDIATEMENT après que le dernier sceau du Livre mystérieux est ouvert par l'agneau, S. Jean aperçoit que l'on donne aux sept Anges qui se tiennent debout devant le trône, sept trompettes. Un autre Ange arrive, un encensoir d'or à la main, et offre à Dieu l'encens mystique, composé des prières des Saints ; puis remplissant l'encensoir du feu sacré, qui est sur l'autel d'or érigé devant le trône, il le jette sur la terre. Soudain des tonnerres, des voix, des éclairs et un grand tremblement de terre.

Le feu que l'Ange prend dans le ciel, qu'il jette sur la terre, et qui produit un effet si subit et si terrible, c'est le feu de la tribulation, par lequel les serviteurs de Dieu seront éprouvés, comme l'or dans la fournaise. Les trompettes vont annoncer quelles sortes de calamités doivent fondre sur eux. Vous êtes déjà avertis que nous ne parlerons pas des quatre premières. C'est la cinquième qui va sonner. Mais auparavant faites attention aux paroles qui précèdent immédiatement l'intonation de la cinquième trompette.

C. VIII, 13. *Et vidi et audivi vocem unius aquilæ volantis per medium cæli, dicentis voce magnâ : Væ, væ, væ habitantibus in terra, de cæteris vocibus trium Angelorum qui erant tubâ canituri.*

« J'aperçus et j'entendis la voix d'un aigle
» qui voloit par le milieu du ciel, criant avec
» une voix forte : Malheur, malheur, mal-
» heur aux habitans de la terre, à cause du
» son des trompettes dont les trois autres
» Anges doivent sonner. »

Il est visible, d'après ce passage, que les trois dernières trompettes annonceront des calamités extraordinaires, des malheurs plus grands que ceux des siècles déjà écoulés. Remarquez soigneusement que l'Ange qui traverse les airs, pour annoncer ces désastres, a la forme d'un aigle : ne seroit-ce pas pour faire allusion à l'aigle exterminateur, qui va être annoncé par la cinquième trompette, ainsi que vous le verrez , et qui viendra un jour ravager la plus belle portion de l'héritage de l'Eglise ? Jusques à présent vous êtes dans l'attente : encore un instant de patience, et nous arriverons.

V.

Son de la cinquième Trompette.

C. IX. 1. *Et quintus Angelus tubâ cecinit : et vidi stellam cecidisse in terram , et data est ei clavis putei abyssi.*

« Le cinquième Ange sonna de la trom-
» pette, et je vis qu'une étoile tomba du
» Ciel sur la terre , et la clef de l'abyme
» lui fut donnée. »

Sous l'emblème de cette étoile tombée du Ciel sur la terre, les interprètes ont reconnu le trop fameux Martin Luther. Il est désigné sous le nom d'une étoile, parce qu'il étoit Prêtre de l'Eglise Romaine , et de plus, Religieux de l'Ordre de S. Augustin. Or , un homme élevé à la dignité du Sacerdoce, et consacré à Dieu par des vœux solennels , est un flambeau destiné à répandre la lumière et à briller par l'éclat de toutes sortes de vertus, comme une étoile placée sur la mer orageuse de ce monde, pour diriger la route incertaine des navigateurs. Luther, avant sa chûte, avoit, comme tout Ministre catholique approuvé, le pouvoir d'ouvrir le Ciel ; mais depuis son apostasie, il n'eut d'autre pouvoir que celui d'ouvrir l'enfer. La clef de l'abyme lui fut donnée.

2. Et aperuit puteum abyssi : et ascendit fumus putei, sicut fumus fornacis magnæ : et obscuratus est sol et aër de fumo putei.

« Elle ouvrit le puits de l'abyme, et il
» s'éleva du puits de l'abyme une fumée sem-
» blable à celle d'une grande fournaise; et le
» soleil et l'air furent obscurcis de la fumée
» du puits. »

Luther ouvrit les portes de l'abyme infernal, et il en sortit un esprit de nouveauté, d'erreur, de vertige, de séduction ; une vapeur brûlante qui obscurcit le soleil de la vérité, les lumières de la foi, et ternit la pureté de la morale. Bientôt une grande portion de l'héritage de l'Eglise fut embrasée du feu de l'impiété.

3. Et de fumo putei exierunt locustæ in terram, et data est illis potestas, sicut habent potestatem scorpiones terræ.

« Et il sortit de la fumée du puits des
» sauterelles, et il leur fut donné une puis-
» sance semblable à celle des scorpions de la
» terre. »

A peine Luther eut arboré l'étendard de
la révolte contre l'autorité de l'Eglise, que
des sectes hérétiques, semblables à des nuées
de sauterelles, se répandirent sur la terre et
se multiplièrent à l'infini. Un seul coup-d'œil
sur l'histoire suffit pour en convaincre l'esprit
le plus incrédule. Or, le venin des fausses
doctrines prêchées par cette multitude de
sectaires, produisit sur les cœurs et les esprits
le même effet que le venin des scorpions de
la terre produit sur les corps. Le venin des
scorpions est mortel, et cause d'effroyables
douleurs.

4. *Et præceptum est illis ne læderent fœnum
terræ, nequé omne viride, neque omnem arbo-
rem, nisi tantùm homines qui non habent
signum Dei in frontibus suis.*

« Et il leur fut ordonné de ne point nuire
» à l'herbe de la terre, ni à tout ce qui étoit
» vert, ni aux arbres, si ce n'est aux hommes
» qui n'ont pas le signe de Dieu sur leur
» front. »

Le sens de ce passage saute aux yeux. Les sauterelles ne pouvoient nuire qu'aux plantes qui renfermoient déjà un germe de corruption. L'esprit d'erreur et de séduction n'eut aucune prise sur les arbres ni sur l'herbe verte ; c'est-à-dire, sur les Pasteurs et les Fidèles animés des vrais sentimens que la Religion inspire. Ceux-là seuls furent séduits et entraînés , qui n'avoient pas la marque de Dieu sur le front, en qui le flambeau de la foi , de l'espérance et de la charité , étoit presque éteint., et qui avoient déjà au fond de leur cœur un intérêt secret à haïr la vérité.

5. *Et datum est illis ne occiderent eos : sed ut cruciarent mensibus quinque : et cruciatus eorum , ut cruciatus scorpii , cùm percutit hominem.*

« Et on leur donna le pouvoir, non de les
» tuer, mais de les tourmenter durant cinq
» mois ; et le tourment qu'elles causent est
» semblable au tourment que cause le scorpion,
» quand il pique l'homme. »

Qu'on lise l'histoire des diverses sectes luthériennes et calvinistes, et l'on frémira à la vue des maux affreux qu'elles firent endurer aux Chrétiens fidèles aux vrais principes de la foi : tourmens semblables à la douleur que cause la piqûre du scorpion, cuisans au-delà de tout ce qu'il est possible d'exprimer. Mais bien que la rage des réformateurs fût portée au dernier excès, elle ne put jamais franchir les limites que la Providence avoit fixées à leur puissance. En vain les Princes protestans firent tous les efforts imaginables pour exterminer, dans leurs Etats, la Religion Romaine ; ils furent contraints à rabattre singulièrement de leurs prétentions. Les Catholiques furent considérablement diminués, mais jamais anéantis. Protégés par une Divinité tutélaire, ils surent se maintenir dans toutes les contrées, ainsi que cela est démontré par l'évidence des faits. Le texte sacré ajoute que les sauterelles avoient la puissance de tourmenter les hommes durant l'espace de cinq mois ; point très-important et très-frappant que nous renvoyons un peu plus loin, pour le joindre à un autre semblable.

6. *Et in diebus illis quærent homines mortem, et non invenient eam : et desiderabunt mori, et fugiet mors ab eis.*

« En ce temps-là les hommes chercheront
» la mort, et ils ne la trouveront pas ; et ils
» désireront de mourir, et la mort fuira loin
» d'eux. »

Hélas ! nous qui avons traversé une longue et épouvantable révolution, nous connoissons ce verset par expérience. Nous avons éprouvé combien la vie est amère dans les temps de délire, de fureur et d'impiété. Lorsque les maux sont extrêmes, la mort devient désirable pour une infinité d'hommes qui manquent de courage ; mais trop souvent, quand ils l'oublient, elle aime à les surprendre ; et quand ils l'invoquent dans le malheur, elle s'enfuit loin d'eux.

7. Et similitudines locustarum, similes equis paratis in prælium : et super capita earum tanquam coronæ similes auro ; et facies earum tanquam facies hominum.

« Et ces espèces de sauterelles ressembloient
» à des chevaux préparés au combat ; et sur
» leurs têtes il y avoit comme des couronnes
» qui paroissoient d'or, et leurs visages ressem-
» bloient à des visages d'hommes. »

Reprenons les paroles de ce texte : ces espèces de sauterelles ressembloient à des chevaux préparés au combat. Qui ne connoît les guerres furieuses, sanglantes, désastreuses, suscitées par les sectaires ! Quelle n'étoit point leur ardeur à courir aux armes dès qu'il s'agissoit

de

de soutenir et de propager leurs erreurs, ou de se venger de leurs adversaires ? Combien de torrens de sang ne firent-ils point verser dans une multitude de contrées ? Toute l'Europe étoit en combustion. Elles avoient sur leurs têtes comme des couronnes d'or. Ce n'étoit point de l'or, ce n'étoit que du clinquant. Par ces couronnes brillantées, sont désignés l'orgueil et la présomption des réformateurs. Ils prétendoient réformer l'Eglise, et avoir le droit de faire une infinité de changemens dans tout ce qui concerne les dogmes, la morale, les sacremens, le culte divin, et la succession légitime des Pasteurs. Ils se disoient envoyés du Ciel ; mais ont-ils produit d'autres preuves que des crimes et des scandales ?

Et leurs visages ressembloient à des visages d'hommes. Quel rapport peut-il y avoir entre des sauterelles et des visages d'hommes ? Le même rapport qui existe entre les traits de la vertu et le masque de l'hypocrisie. C'étoit au nom même de la Religion et de la piété, que les nouveaux sectaires se révoltoient contre l'autorité que J. C. avoit établie sur la terre pour gouverner son Eglise. Les beaux masques dont ils se couvroient, ne servoient qu'à mieux faire ressortir leur perversité.

8. *Et habebant capillos sicut capillos mu-*

lierum , et dentes earum , sicut dentes leonum erant.

« Et elles avoient des cheveux comme des
» cheveux de femmes, et leurs dents étoient
» comme des dents de lion. »

Que signifie la première de ces deux allusions, sinon l'incontinence des prétendus réformés, leurs inclinations déréglées, leur éloignement pour la chasteté ? Luther, leur patriarche, est le premier à donner l'exemple le plus scandaleux. Méprisant à la fois et la dignité du sacerdoce dont il étoit revêtu, et les vœux solennels qu'il avoit prononcés, il ne rougit pas de se marier ; et pour rendre le scandale complet, de se marier avec une personne qui étoit, comme lui, consacrée à Dieu par des vœux de religion. Quelle monstrueuse immoralité dans un homme qui prétendoit avoir reçu une mission pour réformer l'Eglise ! D'après la conduite du maître, jugez de celle des disciples. N'est-ce pas en favorisant les passions du cœur humain, tant par ses leçons que par ses exemples, qu'il réussît à se faire une si prodigieuse multitude de sectateurs ? Il étoit tout naturel que les libertins et ceux qui avoient un penchant décidé pour le vice, suivissent son parti.

Quant à la deuxième allusion du texte , savoir que les sauterelles avoient des dents comme des dents de lion, qui ne reconnoîtra à ce trait la voracité , la cupidité , l'avarice des sectaires ? Que fait un lion avec ses dents? il déchire, il met en pièces, il dévore sa proie. Telle étoit leur ardeur insatiable pour dévorer les biens des monastères et des églises qu'ils dépouilloient, qu'ils dévastoient, qu'ils ruinoient de fond en comble.

9. *Et habebant loricas sicut loricas ferreas, et vox alarum earum sicut.vox curruum equorum multorum currentium in bellum.*

« Et elles avoient des cuirasses comme des
» cuirasses de fer, et le bruit de leurs ailes
» ressembloit au bruit d'une multitude de
» chariots à plusieurs chevaux qui courent
» au combat. »

Nouveaux traits qui achèvent le portrait des sectateurs de Luther. Les cuirasses de fer désignent leur conscience plastronnée , leur opiniâtreté, leur endurcissement, leur entê-tement. Quelqu'un a dit : Ramener un pécheur dans le sentier de la justice, c'est difficile : amener un païen à la connoissance de la vérité, c'est plus difficile ; mais ramener un hérétique dans le sein de l'Eglise, c'est, de tous les miracles de la grâce, le plus difficile. Un autre a exprimé la même vérité par une comparaison sensible. Un Chrétien qui s'est laissé aller aux déréglemens du cœur, et qui n'est que pécheur, ressemble à un miroir terni ; il suffit de le laver et de le purifier pour lui rendre son éclat ; mais un Chrétien qui a abandonné les vrais principes de la foi, est un miroir brisé : il faut un prodige pour le rétablir dans son premier état. Rien ne résiste plus aux impressions de la grâce que la cuirasse de fer de l'hérésie.

« Et le bruit de leurs ailes ressembloit au bruit d'une multitude de chariots à plusieurs chevaux qui courent au combat. »

L'effet des anciens chariots de guerre étoit de mettre le désordre et la confusion, non-seulement dans l'armée des ennemis, mais très-souvent dans l'armée même à laquelle ils appartenoient. N'est-ce pas la peinture naturelle de l'esprit de turbulence, de trouble, de révolte, de sédition, de confusion, que manifestoient les disciples de Luther et de ses imitateurs, par-tout où ils paroissoient? Quel bruit ! quel tapage ! quels désordres ! quels bouleversemens ! il faut avoir lu leur histoire pour en avoir une idée : du reste, il suffit de nous rappeler ce que nous avons vu.

Nous voici enfin arrivés au texte qui a fourni le titre à ce petit Ouvrage : désormais notre marche ne sera pas si rapide. Jusqu'à présent nous avions le secours, ou plutôt nous n'avons été que l'écho des interprètes ; mais actuellement nous entrons dans une carrière plus inconnue. Il faudra nous arrêter à chaque parole et l'approfondir, pour en pénétrer la véritable signification. Heureux celui qui aura l'œil assez perçant pour distinguer clairement la vérité cachée derrière les nuages ! C'est un peu difficile ; mais avec le secours de Dieu, nous en viendrons à bout.

V I.

Finale de la cinquième Trompette.

10. *Et habebant caudas similes scorpionum, et aculei erant in caudis earum ; et potestas earum nocere hominibus mensibus quinque, et habebant super se.*

11. *Regem angelum abyssi, cui nomen hebraïcè Abaddon, græcè autem Apollyon, latinè habens nomen Exterminans.*

» Et elles avoient des queues semblables
» à celles des scorpions, et des aiguillons
» étoient dans leurs queues ; et elles avoient

» la puissance de nuire aux hommes durant
» cinq mois : et elles avoient pour roi l'ange
» de l'abîme, appelé en hébreu Abaddon, en
» grec Apollyon, et en latin *Exterminans.* »

Tous les interprêtes, qui ont écrit sur l'Apocalypse, ayant existé avant la Révolution française, ont appliqué purement et simplement aux hérétiques des derniers temps, le passage qui termine la cinquième Trompette. Ils en auroient sans doute jugé autrement, s'ils eussent été témoins des évènemens qui se sont passés sous nos yeux. C'est par la même raison qu'ils n'ont pas compris le sens de la cinquième Coupe, qui étoit inintelligible pour eux, et qui devient frappante pour nous, ainsi que vous le verrez.

« Et elles avoient des queues semblables à celles des scorpions. »

Nous avons déclaré plus haut, et nous répétons ici, qu'en appliquant l'allégorie des sauterelles à l'hérésie de Luther et aux sectes innombrables qu'elle a enfantées, nous n'avons été que l'écho des écrivains qui ont composé les ouvrages les plus savans et les plus estimés sur l'Apocalypse. D'ailleurs tout homme versé dans l'histoire de la réformation, sera forcé

de convenir que, dans la suite des textes allé-
goriques que nous avons expliqués, il n'en est
pas un seul qui ne s'applique aux sectaires de
la manière la plus exacte et la plus naturelle.
Ce n'est donc pas une témérité de conclure
hardiment que les sauterelles désignent les
hérétiques des derniers temps.

Maintenant il s'agit de vous montrer que
les queues des sauterelles, ce sont les philosophes ; ou, pour parler avec plus de précision,
que la queue de l'hérésie, c'est la philosophie.
Or, écoutez :

Les défenseurs de la vérité, notamment
Bossuet, avoient prédit aux hérétiques qu'une
incrédulité totale deviendroit le funeste résultat de leur révolte contre l'autorité de
l'Eglise ; qu'à force de dogmatiser, on se di-
viseroit à l'infini, et qu'après avoir nié les
vérités prises séparément, on finiroit par les
nier toutes à la fois. L'accomplissement de
cette prédiction est trop visible, pour qu'il
soit utile de nous arrêter à le prouver.

A peine les erreurs de Luther, de Calvin
et de leurs nombreux imitateurs, furent frap-
pées d'anathême dans le Concile de Trente,
que l'esprit d'impiété commença à changer ses
batteries. On sentit assez généralement qu'il
est absurde de professer des dogmes, et de ne
pas admettre une autorité pour diriger la

B 4

croyance. Que faire ? Rentrera-t-on sous le joug de l'obéissance ? Et pourquoi ? N'est-il pas un autre moyen de se tirer d'embarras ? Qu'est-il nécessaire de disputer sur l'autorité du Pape et des Evêques ; sur le nombre et la nature des Sacremens ; sur les divers objets relatifs au culte divin ; sur les pratiques austères de la Religion ? N'est-il pas plus simple de saper le Christianisme par sa base ? De faire écrouler tout l'ensemble de l'édifice ? Ce parti étoit plus impie , mais aussi plus conforme aux règles du bon sens. Quand on veut détruire un arbre, n'est-il pas plus simple de le couper par la racine, que de couper ses branches les unes après les autres ? Bientôt on voit paroître des ouvrages qui renferment les premiers germes de l'incrédulité moderne ; des écrits plus hardis leur succèdent : enfin on tranche le mot.

La Religion chrétienne n'est qu'un tissu de fables. Cette doctrine abominable se propage , non-seulement parmi les sectaires , mais encore parmi les mauvais catholiques , dont les mœurs démentoient la croyance. La Foi est regardée comme une foiblesse d'esprit , et voilà la philosophie sur pied. Cependant elle n'ose pas encore entièrement lever le masque. Se trouvant en contradiction avec l'antique croyance de tous les peuples , elle ne se découvre qu'avec précaution : elle juge qu'il est prudent de donner ses leçons dans l'ombre de la nuit, dans le secret des ténèbres. De-là l'origine des sociétés secrètes, connues sous le nom de la Franc-maçonnerie. On est libre de les faire remonter plus haut, cela importe fort peu. Nous ne croyons pas devoir entrer dans le détail de tous ces mystères d'iniquités : des écrits innombrables les ont suffisamment dévoilés. Quelle est la personne un peu instruite qui pourroit encore ignorer les secrets du club de Holbach, qui étoit le point central de presque toutes les Loges de l'Europe, à l'époque où éclata l'étonnante Révolution française.

D'après ce petit exposé, n'est-il pas visible que c'est l'hérésie qui a engendré la philosophie ? Les Athées, les Matérialistes, les Déistes ne sont-ils pas venus à la suite des sectaires ? N'est-ce pas parce qu'une multitude d'hérétiques avoient commencé à nier les dogmes isolément, qu'il s'est ensuite élevé des hommes assez audacieux pour les nier tous ? L'incrédulité moderne n'est-elle pas le résultat, ou plutôt l'assemblage de toutes les hérésies ? Donc, puisque les sauterelles désignent les sectes luthériennes, leurs queues désignent les philosophes. Pour confirmation, faites attention aux paroles du texte sacré :

Au commencement de la description des sauterelles, il est dit qu'il leur fut donnée une puissance semblable à celle des scorpions ; et à la fin , que leurs queues ressemblent à celles de ces mêmes insectes venimeux : ce qui signifie que le venin de l'hérésie a été communiqué à la philosophie , qui est née d'elle , qui est sa fille , et qui doit régner autant que sa mère. Suivons :

« Et des aiguillons étoient dans leurs queues.» Ah ! comme les philosophes nous les ont fait vivement sentir ! ! ! Par ce seul mot, le Saint-Esprit dépeint énergiquement les maux et les ravages qu'ils ont causés. S'il les exprime si brièvement , c'est que les fureurs de l'hérésie , qu'il a dépeintes auparavant par les images les plus frappantes , ressemblent parfaitement aux fureurs de la philosophie : elles se font connoître les unes par les autres, et procèdent du même germe d'impiété. La philosophie, dans son enfance, encore timide et obligée de se cacher , faisoit à peine sentir ses aiguillons ; à mesure qu'elle acquéroit de l'accroissement , elle les enfonçoit plus fort.

Enfin , parvenue à son dernier degré de force , à l'époque de la Révolution , elle les enfonça avec une cruauté inouie, ne garda plus aucune mesure , répandit tout son venin, exhala toute sa rage, fit couler des torrens de sang , commit toutes les horreurs imaginables, et fit un horrible usage de la puissance qu'elle avoit de nuire aux hommes durant l'espace de temps désigné dans le texte sacré.

« Et leur puissance est de nuire aux hommes » durant cinq mois. »

Ceci mérite une attention particulière : rappelez-vous qu'auparavant il est écrit que les sauterelles avoient la puissance de tourmenter les hommes durant cinq mois ; et observez ici que leurs queues ont le pouvoir de nuire aux hommes durant ce même espace de temps. Voilà donc deux règnes clairement désignés, chacun de cinq mois, c'est-à-dire, de 150 ans, ainsi que nous l'expliquerons ci-après. (Veuillez, en attendant, vous en rapporter à notre parole.) Le premier est celui de l'hérésie. Consultez l'histoire, et elle vous apprendra que le luthéranisme, après avoir exercé ses ravages et ses fureurs pendant l'espace d'un siècle et demi, fut définitivement arrêté dans ses progrès. Les catholiques et les hérétiques se fixèrent dans leurs limites respectives, et l'on commença à respirer. Le second règne est celui de la philosophie : fille de l'hérésie, elle a marché sur les traces de sa mère, et a su exercer encore avec plus de rage, la puissance qui lui a été donnée de nuire aux hommes durant 150 ans. Vous saurez bientôt à quelle époque les pre-

miers cinq mois ont commencé, et à quelle
époque les derniers cinq mois ont fini, et ce
rapprochement étonnera plus d'un incrédule.

« Et elles avoient pour roi l'ange de l'a-
» bîme, appelé en hébreu Abaddon, en grec
» Apollyon, et en latin *Exterminans.*

Et habebant super se regem angelum abyssi,
cui nomen hebraïcè Abaddon, græcè autem
Apollyon, latinè habens nomen Exterminans.

Nous savons d'avance que l'explication de ce
texte mettra beaucoup de gens en fureur. Nous
voudrions les ménager et leur épargner la honte
d'avoir prostitué l'encens de leur admiration à
l'un des êtres les plus malfaisans qui aient
jamais existé; mais la force de la vérité nous
entraîne, il n'est plus temps de nous arrêter.

Quel est cet ange de l'abîme, c'est-à-dire,
cet envoyé, cet ambassadeur de Lucifer, appelé
en hébreu Abaddon, en grec Apollyon, et en
latin *Exterminans,* Exterminateur? Ne re-
connoissez-vous pas Napoléon? N'est-il pas ici
désigné presque par son propre nom? N'est-il
pas parfaitement dépeint sous la dénomination
d'Exterminateur? Qui a jamais exterminé plus
d'hommes que lui? Entrepris des guerres plus
multipliées, plus sanglantes et plus meurtriè-

res ? N'a-t-il pas dévoré autant de générations qu'il y a d'années dans son règne ?

Voilà l'ange de l'abîme, que les philosophes ont reconnu pour leur roi, qu'ils ont élevé au-dessus de tous les grands hommes qui figurent dans l'histoire sacrée et profane, qu'ils ont en quelque sorte placé au rang des divinités ! ! !

L'ange de l'abîme ! Et quoi donc ? N'est-ce pas Napoléon qui a relevé les autels abattus, rétabli l'exercice public du culte divin ?

Oui, sans doute ; la Religion lui a servi de marche-pied pour arriver au trône ; mais s'il a réussi à séduire quelques esprits par d'assez belles apparences, en a-t-il imposé aux esprits éclairés qui, déjà, le connoissoient et ne pouvoient s'empêcher de révoquer en doute la pureté de ses intentions ? Mais en admettant qu'il ait bien commencé, de quoi cela lui sert-il, puisqu'il a fini par devenir le plus méchant des hommes ?

N'est-il pas évident que Napoléon n'a fait la paix avec l'Eglise, que pour mieux être en état de lui déclarer la guerre ? qu'il n'a paru la protéger, que pour mieux réussir à l'opprimer ? La perversité de son cœur dési-gnoit, dans le conseil de l'Eternel, l'homme le plus propre à exécuter les desseins d'une justice vengeresse. Il falloit un Exterminateur, *Exterminans*, pour châtier les nations coupables, et tout le monde conviendra qu'il a parfaitement rempli sa mission.

Partisans de cet homme extraordinaire, vous êtes indignés de l'entendre nommer l'ange de l'abîme ; répondez donc à cet argument *ad hominem*. Lorsque Napoléon est sorti de sa première île, pour venir plonger la France dans un nouveau gouffre de crimes et de malheurs, n'est-ce pas vous-mêmes qui avez crié et fait crier : *Vive l'enfer ! ! !* Vous le connoissiez donc bien ? Vous saviez donc qu'il étoit le grand protecteur de la secte des impies ? N'est-ce pas pour cette unique raison que tant de gens le regrètent encore ? Soyez de bonne foi, et osez soutenir le contraire ! Apprenez donc que ce n'est point par hasard qu'un cri, horriblement impie, a retenti à Lyon, et dans presque toute la France : *Vive l'enfer ! ! !* La Providence l'a permis pour mieux caractériser celui qui, dans la prophétie, est appelé l'ange de l'abîme, de cet abîme d'où sont sorties toutes les erreurs et toutes les impiétés. Criez, tant que vous voudrez, au fanatisme ! voilà la vérité.

Mais que l'on pèse attentivement ce qui va suivre.

Selon le texte sacré, les sauterelles, c'est-à-dire, les sectaires, ont reçu la puissance de tourmenter les hommes durant cinq mois : en-

suite les queues des sauterelles , c'est-à-dire ,
les philosophes , ont également reçu le pouvoir de nuire aux hommes durant cinq mois.
Donc le règne de l'hérésie et de la philosophie, joints ensemble , doivent former en total
dix mois. Or , selon le style des prophètes, il
faut toujours compter dans chaque mois un
nombre égal de trente jours ; de sorte que les
dix forment juste trois cents jours. Observez
aussi, que dans le style de l'Écriture , les jours
sont souvent pris pour des années. Par exemple,
dans le célèbre oracle de Daniel, qui prédit,
qu'à dater du jour où sera donné l'ordre pour
rebâtir les murs de Jérusalem, jusqu'à la mort
du Messie, il s'écoulera soixante et dix semaines ; il faut compter , non des semaines de
jours, mais des semaines d'années , et la prophétie se trouve d'une justesse admirable.
D'après ce principe, il est évident que les
évènemens que Saint Jean prédit par le son de
la cinquième Trompette , ne pouvant s'ac-
complir dans un court espace de temps , il
faut prendre sa prophétie dans le même sens
que celle de Daniel , et compter trois cents
années, au lieu de trois cents jours. Voyons
maintenant si ce calcul est conforme au récit
de l'histoire et justifié par l'évènement : rien
de plus facile à démontrer. Il s'agit simplement
de compter les années qui se sont écoulées de-

puis l'époque où l'étoile tombée du ciel, Luther ouvrit le puits de l'abîme, qui vomit les sauterelles, jusqu'à l'époque de la chûte de l'ange de l'abîme, appelé en hébreu Abaddon, en latin *Exterminans*, en grec Apollyon, et en français Napoléon. Or, c'est en 1515 que Luther, ouvrit le puits des hérésies, en faisant soutenir ces fameuses thèses qui renfermoient le germe de toutes ses erreurs, et qui fixent à cette même année l'origine du luthéranisme ; d'autre part, la puissance de Napoléon a été totalement anéantie l'année dernière 1815. Comptez l'intervalle qui existe entre ces deux époques, et vous trouverez 300 ans, ni plus ni moins.

Est-ce par hasard que cela se rencontre si juste ? Y a-t-il la moindre difficulté, la plus légère obscurité dans cette interprétation ? Un enfant n'est-il pas en état de la comprendre ? Il est possible que beaucoup de gens, bien loin d'être frappés par ces traits de lumières, persistent dans leur stupide admiration pour un homme, qui n'est autre chose que le fléau dont Dieu s'est servi pour frapper les nations. Mais nous, fortement convaincus de la divinité de l'Apocalypse, que l'Eglise a placée dans le catalogue des Livres canoniques ; et de plus, persuadés que nous avons donné le véritable sens de l'allégorie des sauterelles, nous tirerons,

tirerons, de tout ce qui vient d'être dit, une conséquence aussi consolante pour les amis de la Religion, que terrible et amère pour ses ennemis. Le terme des dix mois que Dieu, dans sa sagesse, a fixé à la puissance de l'hérésie et de l'impiété moderne, étant expiré depuis l'année dernière, nous croyons fermement que les progrès et les ravages de l'une et de l'autre sont définitivement arrêtés. L'Eglise victorieuse recouvrera une partie de son antique splendeur ; la barque de Pierre, sortant du sein des eaux, voguera gaiement vers le port de l'éternité. Les impies, vaincus par l'Agneau immolé, pourront sans doute essayer de dresser un nouvel échafaudage ; il s'écroulera sur eux - mêmes ; ils seront pris dans leurs propres filets ; rien ne leur réussira ; le mal qu'ils voudront faire, retombera sur eux-mêmes : ils seront forcés à rentrer dans les antres ténébreux d'où ils sont sortis, jusqu'à ce que l'on entende le son de la sixième Trompette. Mais pour avoir une juste idée de la destinée qui les attend, et de la punition qui leur est réservée dans ce monde, et qui a déjà commencé, écoutez l'explication de la cinquième Coupe.

V I I.

Effusion de la cinquième Coupe.
Apoc. XV.

Nous ne nous arrêterons pas à décrire le magnifique spectacle au milieu duquel S. Jean voit paroître sept Anges qui reçoivent sept coupes remplies de la colère de Dieu , avec ordre d'aller les répandre sur la terre. Ce sont les sept dernières plaies dont le Tout-Puissant frappera les impies. Ces paroles se rapportent au temps où S. Jean écrivoit; depuis cette époque, les quatre premières coupes ont déjà été versées. Nous avons à expliquer la cinquième, qui se rapporte au cinquième sceau et à la cinquième trompette, et qui, par conséquent, doit caractériser l'âge où nous sommes placés. Voyons si les événemens sont conformes à la prophétie.

C. XVI. 10. *Et quintus Angelus effudit phialam suam super sedem bestiæ : et factum est regnum ejus tenebrosum, et commanducaverunt linguas suas præ dolore.*

11. *Et blasphemaverunt Deum cœli præ doloribus et vulneribus suis, et non egerunt pœnitentiam ex operibus suis.*

« Le cinquième Ange répandit sa coupe
» sur le trône de la bête, et son royaume
» devint ténébreux ; et les hommes se mor-
» dirent la langue dans l'excès de la douleur.
» Mais ils blasphémèrent le Dieu du Ciel
» à cause de leurs maux et de leurs plaies,
» et ils ne firent point pénitence de leurs
» œuvres. »

Reprenons. Le cinquième Ange répandit sa
coupe sur le trône de la bête. Ce dernier mot
a différentes significations ; il désigne également l'idolâtrie, l'hérésie et tous les genres
d'impiétés qui ont ravagé l'héritage du Seigneur, comme ces bêtes monstrueuses qui ré-
pandent l'effroi dans les campagnes, et laissent
par-tout les traces sanglantes de leur cruauté
et de leur voracité. Mais parmi toutes les
bêtes qui ont désolé l'Eglise, il n'en est point
de plus hideuse, de plus féroce, de plus vé-
nimeuse que celle dont il s'agit dans le texte
que nous expliquons. C'est celle qui est sortie
du puits de l'abyme, de ce puits qui, par ses
communications souteraines, descend jusqu'à
l'enfer ; c'est cette bête annoncée par le son
de la cinquième trompette, qui avoit un corps
de sauterelle, un visage d'homme, des dents
de lion, et une queue de scorpion, effroyable
assemblage qui exprime la réunion monstrueuse

de toutes les erreurs et de toutes les impiétés.
Les bêtes qui avoient ravagé le champ de
l'Eglise dans les siècles antérieurs, ne s'étoient
attaquées qu'à certains dogmes ; mais cette
dernière a poussé la rage jusqu'à vouloir les
anéantir tous à la fois, renverser la base fon-
damentale de la Religion, tout nier, même
l'existence de Dieu, et établir sur la terre le
règne de l'athéisme : cette bête s'appelle la
philosophie, un bien beau nom, pour un
monstre si hideux.

L'Ange versa sa coupe sur le trône de la
bête, c'est-à-dire, sur le trône d'Apollyon, le
grand roi des sauterelles ; en d'autres termes,
sur le trône de Napoléon, le grand Empereur
des philosophes. Pesez les paroles suivantes :
« Et son royaume devint ténébreux. » Etoit-il
possible de caractériser d'une manière plus
briève et en même temps plus énergique, la
punition de l'Exterminateur, ainsi que celle
de ses admirateurs, sur-tout de ceux qu'il
avoit associés à sa fortune ? (Nous verrons
dans la suite qu'il ne s'agit point ici des
ténèbres de l'immoralité.) Nous qui avons été
non-seulement témoins, mais victimes de son
aveugle ambition, pouvons-nous douter que
ce trait ne lui convienne parfaitement ? Il n'y
a qu'une voix sur son compte ; il s'est perdu
lui-même : il s'est laissé aveugler par l'éclat

de sa brillante destinée. Cet homme qui passoit pour un politique si habile, un capitaine si expérimenté, un génie si supérieur, à qui l'on attribuoit une intelligence presque divine, n'a-t-il pas fini par faire des folies, des extravagances incompréhensibles ? Quand on jette un coup-d'œil sur les dernières années de son règne, n'est-il pas visible que Dieu l'avoit frappé d'aveuglement, ainsi que toutes ces armées superbes et innombrables, qui ne connoissoient d'autre gloire que celle de suivre le grand Empereur dans ses courses vagabondes, et d'exécuter les projets conçus dans son délire, tous plus insensés les uns que les autres ? Un bandeau fatal couvroit les yeux de ces trop célèbres guerriers : leur vue étoit tellement affoiblie, qu'ils ne s'apercevoient pas que le brillant fantôme qui couroit devant eux, et qu'ils prenoient pour la victoire, n'étoit autre chose que la mort. Mais tandis que l'Exterminateur parcouroit le monde, comme pour porter les preuves de sa démence jusqu'aux extrémités de la terre, quel esprit de vertige ! quelles profondes ténèbres dans l'intérieur de son royaume ! Lorsqu'au retour de ses campagnes désastreuses, il arrivoit dans sa capitale, sous l'équipage d'un misérable, après avoir laissé ses armées, tantôt sous les glaces, tantôt dans les étangs et les rivières, tantôt sur les champs de bataille, tantôt misérablement disséminées sur les chemins, mourant de faim et de lassitude, on ne laissoit pas de lui répéter jusqu'à satiété, qu'il étoit l'homme invincible ; c'étoit à qui lui prodigueroit l'encens le plus flatteur ; ses honteuses défaites étoient converties en triomphes. Sa Majesté avoit constamment vaincu les ennemis, et n'avoit été vaincue elle - même que par les élémens ! ! ! Aveugles ! Si les élémens étoient déchaînés contre votre idole, comment n'avez-vous pas aperçu la main de Dieu ? Est-ce le hasard qui dirige les élémens ? Enfin, après avoir exterminé des millions d'hommes, fait couler des fleuves de sang, causé des maux et des ravages effroyables, désolé les provinces et les royaumes, il est terrassé à son tour et honteusement consigné sur un rocher imperceptible dans la carte de l'univers. On espéroit, à cette époque, que les ténèbres se dissiperoient, et que l'on commenceroit à voir clair. Oui, sans doute, les yeux se seroient ouverts, si l'aveuglement eût été l'effet d'une cause naturelle ; mais il provenoit de l'effusion de la coupe de la colère divine. Il falloit que le meilleur des Rois, le digne successeur du Roi-martyr, immolé par le glaive de la philosophie, fût banni pour un court espace de temps, parce que la mission de l'Exterminateur n'étoit pas entièrement remplie. A la vérité, il n'y avoit qu'une voix pour publier les louanges du Monarque nouvellement rétabli sur le trône de ses augustes ancêtres ; mais il ne convenoit pas aux philosophes : ceux-ci prétendoient que, sans Napoléon, il étoit impossible d'être heureux. Hé bien, il reviendra votre Abaddon, votre Apollyon, votre Exterminant : il reviendra pour exterminer lui-même une partie de son armée qui avoit échappé aux calamités antérieures. Pour cette fois, vous n'avez pas admiré son triomphe, et vous avez été tout surpris de voir encore une fois les élémens se déclarer contre lui. N'importe, le courage philosophique ne sera pas terrassé par ce fatal revers. Les impies, plutôt que de profiter d'une si bonne leçon, aimeront mieux mourir dans leurs ténèbres et dans leur stupide aveuglement. Châtiment épouvantable, qui est un véritable enfer anticipé ! Écoutez avec effroi les paroles suivantes de la prophétie :

« Et les hommes se mordoient la langue » dans l'excès de leur douleur. » Se mordre la langue dans l'excès de la douleur, est un signe de rage et de désespoir. Ce trait ne peut donc convenir qu'à des impies : ce sont les adorateurs de la bête, sur le trône de laquelle l'Ange a versé la coupe ; ce sont les hommes

que la philosophie a enchaînés à son char,
qui sont ici désignés. Ils sont condamnés à se
mordre la langue dans l'excès de leur douleur.
O rage ! ô honte inexprimable ! est-ce en
vain qu'ils ont fait des efforts si prodigieux
pour anéantir la Religion ? Est-ce en vain
qu'ils ont travaillé à l'exécution de ce complot
infernal pendant une si longue suite d'années?
Est-ce en vain qu'ils ont espéré naguère de
toucher au moment du triomphe le plus complet ? Quoi donc ! un ouvrage, déjà si avancé,
ne pourra s'achever! Tant de travaux seront-ils
perdus? Tant et de si grands attentats commis
contre la Religion et la société, seront inutiles!
Il y aura donc toujours des Rois très-chrétiens
et des Prêtres catholiques ! Hélas ! oui ; la
philosophie est confondue, et la Religion
règnera. L'édifice majestueux de l'Eglise demeure inébranlable au milieu des décombres
de l'impiété moderne, comme parmi les ruines
de l'idolâtrie et des hérésies. Voilà bien, pour
nos philosophes, de quoi se *mordre la langue :*
leur conduite décèle leur rage et leur fureur.
Serions - nous assez aveugles pour ne pas
voir, que le Ciel, irrité de leurs excès, de
leurs crimes, de leurs blasphèmes, a enfin
versé sur eux la coupe vengeresse ? Ah ! du
moins s'ils étoient encore capables d'ouvrir les
yeux à l'éclat de la vérité, et de se repentir

de l'avoir si indignement outragée ! ! ! Mais malheureusement la conduite indigne qu'ils tiennent encore aujourd'hui, leur obstination à ne pas vouloir reconnoître la main qui les a frappés, la continuation de leurs blasphèmes, ne justifient que trop visiblement la dernière parole de la prophétie qui les concerne, et qui dit qu'ils ne se convertiront pas. Encore un mot sur ce passage : « Et les hommes se mordoient la langue dans l'excès de leur douleur. »

Bien des gens ont été frappés d'étonnement, de ce que le grand Apollyon, après avoir exterminé tant de milliers d'hommes, n'ait pas été exterminé lui-même par une mort sanglante. C'est un mystère dont nous croyons entrevoir l'explication. N'est-il pas juste qu'ayant été le grand protecteur des philosophes, il ait aussi la première part à leur châtiment ? S'il fût mort dans un combat, c'eut été une consolation pour la cabale impie ; elle n'auroit pas manqué de publier dans tout le monde, qu'il avoit terminé sa glorieuse carrière en héros. La Providence en a disposé autrement ; elle a voulu que celui qui se vantoit de faire *siffler* la Religion, fût *sifflé* lui-même. S'il fût mort les armes à la main, il auroit emporté dans l'autre monde la brillante réputation qu'on lui avoit faite dans celui-ci : au lieu que l'on sait aujourd'hui que cet homme qui avoit un talent si supérieur pour conduire les armées à la mort, avoit une peur extrême de mourir lui-même. Il est relégué dans une île lointaine ; son existence est prolongée, pour lui laisser le temps de réfléchir sur les suites de son ambition et sur ses crimes, et *de se mordre la langue* dans l'excès de sa douleur.

« Mais ils blasphémèrent le Dieu du Ciel,
» à cause de leurs maux et de leurs plaies,
» et ne firent point pénitence de leurs
» œuvres. »

Ce texte caractérise si parfaitement les impies de notre temps, qu'il est presque inutile de l'interpréter. Durant les dernières années, tandis que la philosophie étoit sur le trône, et possédoit la puissance suprême, elle blasphémoit sans doute, mais pas d'une manière si grossière. Elle avoit bien commencé à répandre le sang des Chrétiens fidèles ; mais sur la fin de son règne elle changea de batteries, et poussa la perfidie jusqu'à se servir du nom même de la Religion, pour lui porter les coups les plus terribles. Elle jugea que les persécutions sourdes et cachées lui deviendroient plus funestes que les persécutions sanglantes. Le culte divin avoit une certaine apparence extérieure. Au lieu de tirer sur la forteresse de l'Eglise à boulets rouges, on travailloit à la faire écrouler par des mines souteraines ; mais à peine la philosophie, qui se croyoit si adroite, fut-elle déçue de ses flatteuses espérances, par les derniers événemens, évidemment miraculeux, qu'il ne lui fut plus possible de contenir sa rage. « Et ils blasphémoient le Dieu du Ciel. » Nous les avons entendus les blasphèmes de l'impie contre le Dieu du Ciel, contre la Religion et contre ses Ministres ; et s'il a cessé par crainte de les proférer publiquement, nous n'ignorons pas qu'il continue à les proférer en secret. Il enrage, il écume, il menace, mais il ne nous inspire plus aucune frayeur. Les transports de sa fureur font partie de son châtiment, et sont pour nous la preuve la plus manifeste de l'accomplissement de la prophétie. « Et ils ne firent point pénitence de leurs œuvres. » Hélas ! nous ne le voyons que trop clairement : non-seulement les adorateurs de la bête (la philosophie) ne se convertissent pas, mais ils ont conservé l'espérance de se dédommager ; ils travaillent avec une ardeur infatigable à relever le monstrueux édifice qu'ils avoient érigé : c'étoit la tour de Babel, la tour de confusion ; elle est tombée : c'est Dieu lui-même qui l'a renversée. Les nouveaux architectes qui essayent de la rebâtir, dans l'impossibilité de se concerter et de s'entendre, finiront par abandonner l'entreprise. Ils seront dispersés; ils iront où ils voudront *se mordre la langue*, qui a tant blasphémé. Quant à nous, nous bénirons le Seigneur de nous avoir délivrés de leur infernale tyrannie.

VIII.

Cinquième Eglise de l'Asie. *Apoc. II.*

NON-SEULEMENT l'Apôtre S. Jean a prédit les événemens extérieurs qui doivent arriver à l'Eglise universelle durant les sept âges, mais encore il a dépeint sa situation intérieure sous l'emblème de sept Eglises particulières, qui existoient de son temps dans la contrée, qui avoit été le berceau du Christianisme. Ce sont les Eglises d'Ephèse, de Smyrne, de Pergame, de Thyatire, de Sardes, de Philadelphie, de Laodicée. L'Eglise de Sardes, occupant le cinquième rang, est donc celle qui correspond au cinquième Sceau, à la cinquième Trompette, et à la cinquième Coupe. Voyons si les conseils que le Saint-Esprit donne à l'Eglise de Sardes, et les reproches qu'il lui fait, caractérisent les Chrétiens du cinquième âge. Vous en jugerez par l'interprétation.

C. III. 1. *Et Angelo ecclesiæ Sardis scribe: Hæc dicit qui habet septem spiritus Dei, et septem stellas, scio opera tua quia nomen habes quo vivas, et mortuus es.*

« Écrivez à l'Ange de l'Eglise de Sardes :
» Voici ce que dit celui qui a les sept esprits
» de Dieu et les sept étoiles. »

Sardes étoit la capitale de la Lydie, où régnoit jadis le fameux Crésus, dans l'Asie-Mineure. Les fidèles qui composoient l'Eglise établie dans cette cité, avoient le même esprit que les fidèles qui composent l'Eglise universelle du cinquième âge. C'est pour cela que l'Eglise de Sardes est placée dans la prophétie au cinquième rang. Bien qu'elle existât, dans les siècles d'or de la foi, elle n'étoit rien moins que fervente. Quand le Saint-Esprit adresse la parole à l'Ange, c'est-à-dire à l'Evêque de chacune des sept Eglises, il est censé l'adresser à toute la société des fidèles. L'Ange ou le Pasteur qui préside, étant tenu de rendre compte, reçoit tous les éloges et tous les reproches que méritent les brebis qui sont sous sa houlette.

« Voici ce que dit celui qui a les sept esprits de Dieu et les sept étoiles. »

Remarquez que ce nombre sept, qui est la

clef de l'Apocalypse, revient par-tout. Celui qui parle c'est J. C. ; les sept esprits désignent sa providence qui s'étend aux sept âges de l'Eglise ; et les sept étoiles représentent les Pasteurs qui la gouverneront à ces diverses époques. Il tient ces étoiles dans sa main droite (voyez le I.er Chap. de l'Apocalypse), pour signifier que c'est lui qui dirige les Pasteurs ; conformément à sa promesse : Je serai tous les jours avec vous jusqu'à la fin des siècles.

« Je sais quelles sont vos œuvres, vous avez
» la réputation d'être vivant, et vous êtes
» mort. »

Les assauts que l'hérésie et la philosophie ont livrés à l'Eglise catholique, à la vérité n'ont pu abattre cette forteresse mystique bâtie sur le rocher ; les portes de l'Enfer ne prévaudront jamais contre elle ; mais ils n'ont pas laissé d'y faire des brèches, qui paroissent irréparables. Le corps de l'Eglise existe toujours, et demeure visible à tous les regards. Son existence paroît d'autant plus miraculeuse, que les attaques de l'impiété ont été plus prolongées et plus terribles. On ne peut s'empêcher d'admirer sa force et sa vigueur extérieure, quand on considère l'éclat de ses victoires ; mais ce corps, qui paroît si vivant, n'a plus ni force ni vigueur intérieure ; la plupart des membres qui le composent sont morts. Le flambeau de la foi, de l'espérance, de la charité, obscurci par les erreurs et les impiétés, ne jette plus qu'une foible lueur dans l'esprit et le cœur des Fidèles. Les maximes de l'incrédulité et de l'immoralité sont si universellement répandues et mises en pratique, qu'il est impossible de comprendre que l'Eglise catholique puisse toujours subsister au milieu de tant de scandales. Rien donc n'est plus frappant que cette première parole : « Je sais quelles sont vos œuvres, vous avez » la réputation d'être vivant, et vous êtes » mort ! »

2. *Esto vigilans, et confirma cætera, quæ moritura erant ; non enim invenio opera tua plena coram Deo meo.*

« Soyez vigilant, confirmez le reste de » votre peuple, qui étoit sur le point de » mourir ; car je ne trouve point vos œuvres » pleines devant mon Dieu. »

Il est visible que ce verset regarde spécialement les Pasteurs. Considérez l'état déplorable du troupeau confié à vos soins. La plupart de vos brebis sont mortes ; celles qui vivent encore sont languissantes , et n'ont échappé à la mort qu'avec une peine extrême. Redoublez donc de zèle et de vigilance pour ranimer ce reste de vie. Je ne trouve pas vos œuvres pleines devant mon Dieu. Il est certain que le Clergé catholique a donné de grands exemples de vertus et de fidélité durant la Révolution , et aujourd'hui encore il est animé du meilleur esprit de piété et de religion ; mais qu'il s'en faut bien que ses œuvres soient pleines devant Dieu ! combien de Prêtres se sont laissés entraîner par le torrent des scandales ! combien ont combattu lâchement , et combien encore , même parmi les bons , qui montrent peu de zèle pour réparer les ravages de l'impiété ! Il ne nous appartient pas d'insister sur cette trop sensible vérité.

3. *In mente ergò habe qualiter acceperis , et audieris, et serva, et pœnitentiam age : si ergo non vigilaveris , veniam ad te tanquàm fur , et nescies quâ horâ veniam ad te.*

« Souvenez-vous donc de quelle manière
» vous avez reçu et entendu l'instruction ,
» et gardez-la, et faites pénitence : car si
» vous ne veillez , je viendrai à vous comme
» un voleur, et vous ne saurez à quelle heure
» je viendrai. »

Oh !

Oh ! que ces paroles menaçantes se sont accomplies d'une manière terrible et frappante envers l'Eglise universelle du cinquième âge ! Transportez-vous à l'époque où Luther ouvrit le puits de l'abîme. Alors il y avoit déjà au moins huit siècles que l'Eglise jouissoit d'une paix extérieure et profonde : les combats qu'elle avoit eu à soutenir pendant ce long intervalle, étoient à peine une ombre en comparaison de ceux des premiers âges. Elle étoit dans la situation la plus florissante, sur-tout en Europe ; mais, malheureusement, les Fidèles, peu exacts à conserver et à mettre en pratique les saintes traditions qu'ils avoient reçues de leurs ancêtres, provoquèrent le courroux céleste par leur indifférence et par leur assoupissement. Ils s'endormoient dans une douce et paisible sécurité, et ne songeoient point à faire pénitence de leurs désordres, lorsque tout-à-coup, au moment où ils s'y attendoient le moins, il s'éleva cette furieuse tempête, qui a duré pendant trois cents ans, et qui laissera long-temps après elle une violente agitation dans les flots. Le gros de l'orage est passé ; mais il faudra des années avant que le calme soit parfait.

« Je viendrai à vous comme un voleur, » et vous ne saurez pas à quelle heure je » viendrai. »

D

Remarquez cette expression. Non-seulement un larron arrive d'une manière soudaine et imprévue , mais il arrive avec la mauvaise intention de voler et d'emporter tout ce qu'il trouvera à sa disposition. Il ne pénètre dans les maisons que pour les dévaster et les dé-pouiller : n'est-ce pas le malheur qui est arrivé à l'Eglise ? Que lui reste-t-il de tous les vastes domaines spirituels et temporels qu'elle possédoit autrefois ? Les hérétiques avoient commencé à la dépouiller ; cependant il lui restoit encore de superbes héritages en France , en Espagne , en Italie. Les philo-sophes arrivent après les hérétiques , et finissent par lui ravir le reste de ses im-menses possessions. N'est-elle pas aujourd'hui dans un état de pauvreté et de nudité épou-vantable ? ses temples innombrables sont ou anéantis ou dévastés , et la plupart de ses Ministres sont réduits à la mendicité. Jésus-Christ n'est-il pas venu visiter son Eglise comme un voleur ? Qui ne sera frappé de l'accomplissement de cette prédiction ?

4. *Sed habes pauca nomina in Sardis , qui non inquinaverunt vestimenta sua ; et ambu-labunt mecum in albis , quia digni sunt.*

« Vous avez néanmoins à Sardes quelque

» peu de personnes qui n'ont point souillé
» leurs vêtemens ; ceux - là marcheront avec
» moi habillés de blanc , car ils en sont
» dignes. »

En vain l'hérésie et la philosophie, les
deux compagnes fidèles , ont employé tous
les moyens de terreur et de séduction pour
pervertir les enfans de l'Eglise ; si elles ont
fait des millions d'apostats , elles n'ont pas
laissé d'être confondues par la constance et
la fermeté d'un petit nombre de Chrétiens,
qui , pénétrés de la plus vive horreur pour
toutes les nouveautés , gardèrent fidèlement
le dépôt des vérités de la foi, et ne souillèrent
par aucune infidélité la robe de leur inno-
cence. Ceux - là marcheront à la suite de
l'Agneau , seront vêtus d'habits blancs , de
gloire et d'immortalité dans le séjour de la
félicité suprême. Nous qui avons été témoins
des événemens , nous devons nous étonner ,
non de ce qu'il y a tant de corruption dans
le monde , mais de ce qu'il s'y trouve encore
un certain nombre de vrais Chrétiens , dignes
de figurer à côté de ceux des premiers siècles.

5. *Qui vicerit sic vestietur vestimentis
albis , et non delebo nomen ejus de Libro
vitæ , et confitebor nomen ejus coram Patre
meo et coram Angelis ejus.*

« Celui qui aura remporté la victoire sera
» ainsi vêtu d'habits blancs, et je n'effacerai
» point son nom du Livre de vie, et je con-
» fesserai son nom devant mon Père et devant
» les Anges. »

Plusieurs sortes de Chrétiens ont remporté
d'éclatantes victoires durant les persécutions
de l'hérésie et de la philosophie. D'abord les
martyrs qui ont méprisé les supplices et la
mort, qui ont glorieusement versé leur sang
pour rendre témoignage à l'infaillibilité de
l'Eglise et à la divinité de la Religion. Le
texte sacré dit qu'ils seront vêtus de blanc,
pour montrer que ce sont les mêmes que ceux
dont il est parlé sous le cinquième Sceau,
et auxquels on donna, à chacun, une robe
blanche, symbole de leur bienheureuse immortalité. Ensuite les Chrétiens qui, à la
vérité, n'ont point souffert la mort, mais qui
ont courageusement confessé Jésus - Christ,
et ont préféré l'exil, les fers, tous les traitemens les plus barbares, au malheur de trahir
leur foi et leur conscience ; enfin, les Fidèles
qui, environnés de toutes sortes de piéges,
de périls, de séductions, ont constamment
méprisé, foulé aux pieds les maximes de l'impiété et du libertinage, et sur-tout le respect
humain si terrible, si tyrannique, si dange-

reux dans notre siècle. Jésus-Christ n'effacera
pas leur nom du Livre de vie. Il nous semble
que cela signifie , qu'en récompense de leur
fidélité durant le temps des orages , il leur
accordera le don précieux de la persévérance ,
imprimera sur leur front , qui n'a point rougi,
le sceau de la prédestination , et les reconnoîtra pour ses véritables amis devant son
Père céleste et devant les Anges. Si donc nous
avons vu auparavant que les adorateurs de la
bête seront épouvantablement châtiés , nous
voyons ici que les fidèles adorateurs de **J. C.**
seront magnifiquement récompensés.

6. *Qui habet aurem audiat quid spiritus
dicat Ecclesiis.*

« Qui a des oreilles entende ce que l'esprit
» dit aux Eglises. »

C'est uniquement pour suivre ce conseil
du Saint-Esprit que nous avons cherché à
pénétrer le sens des prophéties que nous
venons d'expliquer. S'il nous est échappé
quelque chose qui ne soit pas conforme à l'en-
seignement et à la doctrine de l'Eglise catholique , nous le révoquons à l'instant même.
Nous n'avons jamais oublié qu'à elle seule
appartient le droit d'interpréter les Livres

saints , et qu'en nous les mettant entre les mains elle nous commande de les lire avec respect et soumission à son autorité.

Mais s'il est vrai que nous ayons donné le sens de ces divers passages de l'Apocalypse, et que la confrontation du texte sacré avec les évènemens soit exacte, nous sommes en droit de dire aux amis de la Religion et de la vérité : Consolez-vous, le monstre de l'impiété a perdu le pouvoir de vous tourmenter et de vous nuire; cessez de le craindre, ses dents de lion sont fracassées, et ses aiguillons arrachés : ne soyez point émus des hurlemens de sa rage expirante ; les dix mois qui lui avoient été donnés pour exercer ses fureurs et ses ravages sont expirés. Cependant observez à ce sujet, que beaucoup d'écrivains reculent jusqu'en 1516, le jour où Luther ouvrit le puits de l'abîme, en soutenant publiquement des thèses impies. Si ce sentiment est véritable, les trois cents ans n'expirent que la présente année 1816. Dans cette hypothèse, si une petite secousse pouvoit encore avoir lieu, elle arriveroit de suite et ne serviroit qu'à donner le coup de grâce à la philosophie. C'en est donc fait, les prétendus réformateurs du genre humain restent confondus; il ne s'agit plus que de réformer à notre tour tant et de si horribles abus qu'ils ont introduits dans le monde ; l'ouvrage est grand et difficile ; mais le Dieu qui a tout prédit, qui a tout dirigé dans sa sagesse infinie, qui a protégé ses élus dans le temps de la tribulation, viendra à notre secours, et mettra la dernière main aux merveilles déjà commencées. En attendant que le sixième Ange fasse sonner la Trompette des calamités, l'Eglise de Jésus-Christ, après tant de glorieux combats, jouira de la paix et oubliera ses longues souffrances dans le sein d'une nouvelle prospérité ; ces heureux jours sont prochains, et nous les verrons.

I X.

La grande objection changée en preuve.

BIEN des gens ne manqueront pas de nous accuser d'avoir abusé de l'Ecriture sainte, pour avoir osé appliquer à Napoléon, sacré par le Souverain Pontife, le passage de la prophétie, qui dit : Et elles avoient pour roi l'ange de l'abîme, appelé Abaddon, Apollyon, *Exterminateur*. La réponse que nous allons faire à cette objection paraîtra singulière, mais n'en sera pas moins solide.

Quoi ! oser soutenir que ce grand homme,

sacré par le Chef suprême de l'Eglise, est un envoyé de l'enfer ! un suppôt de Satan !

Comment se fait-il donc que la réponse à cette apparente difficulté, se trouve précisément dans le nom qu'il s'étoit choisi lui-même, joint au titre qu'il avoit usurpé ?

Napoléon, Empereur des Français : renversez l'ordre des lettres, sans rien ajouter, ni rien retrancher, et vous formerez cette phrase :

Le Pape serf a sacré un noir démon.

Quand on a découvert cette singulière anagramme, se seroit-on imaginé qu'elle eût un rapport si frappant avec la prophétie qui désigne Napoléon sous le nom de l'Ange de l'abîme.

Le Pape serf a sacré un noir démon ; cela signifie, en propres termes, que le Souverain Pontife, contraint par la force, indignement trompé, atrocement persécuté par un homme puissant, qui avoit la ruse et la malice du diable, a jugé, dans sa sagesse, qu'il valoit mieux sacrer Napoléon, que d'exposer l'Eglise de France à une nouvelle et horrible persécution. Si le Chef de l'Eglise se détermina à une démarche si pénible à son cœur, c'est qu'il avoit des raisons invincibles de craindre que l'apostasie ne fut introduite dans le royaume très-chrétien ; ce qui auroit été un malheur irréparable. Il n'est donc que trop vrai que

Pie VII, entraîné par la force des circonstances, disons mieux, par une disposition secrète de la Providence, contribua dans le temps à affermir la puissance de l'Exterminateur ; mais aussi n'est-ce pas ce vénérable Pontife, qui, montrant une fermeté héroïque dans l'esclavage, élevant vers le Ciel ses mains enchaînées, fit violence au cœur de Dieu, et obtint, par sa résignation dans les souffrances, et par l'ardeur de ses prières, le miracle qui a renversé le trône de la bête.

X.

Objection raisonnable.

Quelques personnes, en lisant l'interprétation de ce passage de la cinquième Coupe ; « Et son royaume devint ténébreux, » pourront s'étonner de ce que nous n'avons pas fait mention de la monstrueuse immoralité qui a obscurci, dans la plupart des Chrétiens, toutes les lumières de la foi et de la raison. En effet, n'est-il pas infiniment déplorable, que les hommes, après avoir été éclairés pendant tant de siècles du brillant flambeau de la révélation, soient aujourd'hui réduits à demander : Y a-t-il un Dieu ? L'ame est-elle distinguée du corps ? Existe-t-il une différence essentielle entre le vice et la vertu ? Entre le mensonge et la vérité ? Entre l'homme et la brute ? Que faut-il penser de la vie future ? Y aura - t - il un jugement ? Des récompenses pour les bons, des châtimens pour les méchans ? Existe - t - il un ciel, un enfer, une éternité ? Ah ! grand Dieu ! qu'elles sont profondes les ténèbres du libertinage et de l'incrédulité ! elles sont épaisses, palpables comme ces ténèbres miraculeuses et matérielles, qui couvrirent jadis la terre d'Egypte. Cependant nous n'avons pas dû en parler dans l'explication de la cinquième Coupe ; et pourquoi ? C'est qu'elles ne sont pas parties du ciel ; elles sont sorties du puits de l'abîme, ouvert par Luther. Ce sont les impies eux-mêmes qui les ont répandues sur la terre : elles sont désignées dans la prophétie par cette fumée noire, épaisse, qui obscurcit le soleil et l'air ; au lieu que les ténèbres, répandues par l'Ange sur le royaume de la bête, ne sont autre chose que l'aveuglement dont Dieu a frappé ces mêmes impies, l'aveuglement qui les a perdus, qui les perd encore : ténèbres vengeresses, juste châtiment dû à ces orgueilleux réformateurs, qui mettoient tant de zèle à répandre dans le monde les ténèbres de l'immoralité, et qui, sous prétexte d'éclairer les hommes, n'avoient d'autre dessein que de les corrompre et de les

abrutir. Aveuglés sur leurs propres intérêts ,
emportés par un esprit de vertige , ils ne se
tiendront pas pour battus , et conserveront le
fol espoir de se relever de leur chûte. Tel
Lucifer , dans le poëme de Milton , exhortoit
les anges rebelles, ses complices, à reprendre
courage ; mais tout-à-coup, il est changé en
monstrueux serpent , et sa voix éloquente ne
fait plus entendre que d'horribles sifflemens.
Laissez donc l'impiété former de nouveaux
complots : ils seront déjoués à mesure qu'elle
entreprendra de les exécuter ; et quand même
elle réussiroit à séduire encore quelque puissance de la terre , il n'en sera ni plus ni
moins : elle pourra , pendant quelque temps ,
retarder la marche des choses qui se dirigent
vers le rétablissement de l'ordre ; mais enfin
elle sera forcée d'avouer sa honteuse défaite, et
se *mordra la langue* dans l'excès de sa rage ,
à mesure qu'elle verra la Religion, son ennemie
et sa rivale, recouvrer l'empire sur les cœurs,
et régner pendant la durée des siècles.

X I.

Le vrai point de vue.

Ceux qui ont fait une étude approfondie
de l'Apocalypse , sont convaincus que ce livre

deviendra un jour une preuve frappante de la divinité du Christianisme. Les obscurités dont il est enveloppé, s'éclairciront à mesure que l'on s'approchera du terme des événemens humains. Il semble que le Saint-Esprit l'a inspiré, sur-tout pour l'instruction des fidèles qui existeront dans les derniers temps. Ils le liront avec admiration ; ils seront étonnés d'y trouver, sous des allégories magnifiquement exprimées, toute l'histoire de l'Eglise. Ils béniront cette aimable Providence qui a tout prévu, tout disposé, et tout dirigé dans sa sagesse infinie. Ils verront clairement que toutes les pièces, qui sont jouées sur le théâtre du monde, sont composées dans le Ciel ; que les hommes sont les acteurs, les instrumens, et que Dieu seul, caché derrière la scène, fait mouvoir tous les ressorts. Ils seront consolés par le souvenir du passé ; ils chercheront à découvrir ce qui ne sera pas encore accompli ; et, pleins de confiance dans le Dieu des Chrétiens, ils seront encouragés et se disposeront à supporter fortement les terribles épreuves qui leur sont réservées.

Nous déclarons avec candeur et franchise, que telle est déjà aujourd'hui l'impression que ce Livre divin fait sur nous, et qu'en laissant paroître la présente interprétation, nous avons cru suivre une impulsion intérieure, qui n'est ni vanité ni présomption. Sans doute elle est défectueuse sous une infinité de rapports ; mais elle ne laisse pas de renfermer un grand germe de vérité, qui se développera avec le temps. Si nous avions fait un choix de passages et de textes détachés pour les appliquer aux événemens que nous avons vus, cela n'auroit aucune force et ne seroit d'aucune valeur. Qui ne comprend qu'il est extrêmement aisé de faire plier le sens d'une allégorie comme on veut ? Mais ici rien n'est arbitraire : le plan que nous avons suivi n'est point de notre invention ; il est tracé depuis long-temps par les hommes les plus habiles. Ce sont les interprètes qui ont divisé la durée de l'Eglise en sept âges, en assignant à chacun un sceau, une trompette, une coupe et une épître prophétique. De plus, ils s'accordent à dire que nous sommes placés dans le cinquième âge ; de-là nous avons conclu de suite et sans hésiter : donc les prophéties qui nous concernent doivent être le cinquième sceau, la cinquième trompette, la cinquième coupe, la cinquième Eglise de l'Asie. Voyons si tous ces cinquièmes signes peuvent s'appliquer avec précision aux événemens de notre âge. A l'ouverture du cinquième sceau, il est dit que la situation extérieure de l'Eglise sera un état de persécution. Cet oracle n'est-il pas accompli dans les persécutions suscitées par l'hérésie

et par l'impiété moderne ! Au son de la cinquième trompette, le puits de l'abîme vomit
une bête effroyable qui surpasse en mons-
truosité tout ce qu'il y a de plus hideux et de
plus malfaisant dans la nature. Nous examinons
ce monstre, et nous voyons clairement que son
corps de sauterelle, avec son venin de scorpion,
son visage d'homme, ses cheveux de femme,
ses dents de lion, sa cuirasse de fer, son instinct
hargneux, vorace, tracassier, remuant, désigne
les sectes hérétiques. Ensuite nous considérons
que cet hideux assemblage est terminé par une
queue de scorpion armée d'aiguillons, et nous
reconnoissons la philosophie, qui n'est autre
chose que la queue de l'hérésie. Enfin arrive
le grand roi Abaddon, l'Exterminateur, qui
vient très-à-propos pour achever de nous convaincre que nous avons donné la véritable dé-
finition de la bête sortie du puits de l'abîme.

Quant à l'effusion de la cinquième coupe
versée sur le trône de la bête, n'avons-nous
pas reconnu l'aveuglement, la rage, les blasphèmes, l'impénitence des impies de nos jours ?
Ne sont-ils pas dépeints au naturel par des
traits qu'il est impossible de méconnoître ?

Enfin l'épître prophétique écrite à l'Ange
de l'Eglise de Sardes, ne dépeint-elle pas,
avec une justesse extrême, tout ce qui concerne
l'Eglise du cinquième âge ! Ah ! très-certai-

nement, ceux qui se donneront la peine de réfléchir sérieusement sur cet ensemble, ne pourront s'empêcher d'en être frappés.

XII.

Texte réservé pour la conclusion.

Nous avons omis à dessein les dernières paroles qui terminent la cinquième trompette, afin d'en faire la finale de ce petit Ouvrage. C'est par inadvertance que nous les avons oubliées dans la première édition.

(Apoc. c. IX. v. 12.)
« *Væ unum abiit : et ecce veniunt adhùc* » *duo væ post hæc.* »

« Un malheur est passé : voici encore deux » autres qui vont suivre. »

Pour l'intelligence de ce texte, il est nécessaire de vous rappeler le petit prélude de la cinquième trompette.

(Apoc. c. VIII. 13.)
« Je vis et j'entendis la voix d'un aigle qui » voloit par le milieu du Ciel, criant avec » une voix forte : Malheur ! malheur ! malheur

» aux habitans de la terre, à cause du son
» des trompettes, dont les trois autres Anges
» doivent sonner ! »

Remarquez cette parole répétée trois fois :
Malheur ! malheur ! malheur ! ! ! Le premier
est annoncé par la cinquième trompette, et
maintenant il est passé. *Væ unum abiit.* Le
deuxième appartient à la sixième trompette,
qui annoncera l'arrivée de l'Ante-Christ. C'est
la raison qui nous a fait dire au commencement
que la persécution contenue sous le cinquième
sceau sera l'avant-dernière. Tel est évidemment
le sens des paroles adressées aux ames des
martyrs, que S. Jean avoit aperçues sous l'autel : Attendez en paix encore un peu de temps ;
le nombre de ceux qui doivent souffrir la mort
comme vous n'est pas encore complet.

Le troisième malheur appartient à la sep-
tième trompette, qui annoncera le jugement
universel, la glorification des Elus, et la ré-
probation des méchans. Par conséquent il reste
encore deux malheurs qui ne sont pas accom-
plis, mais que nous ne verrons pas. *Ecce veniunt adhùc duo væ.* N'apercevez-vous pas
que tout est net, que tout s'explique dans le
plus grand ordre et sans la moindre confusion !

Puisque nous venons de faire encore mention
de cet Ange qui traversoit le milieu du Ciel

pour

pour annoncer les trois dernières calamités ;
nous répéterons aussi l'observation que nous
avons déjà faite : Pourquoi avoit-il la forme
d'un aigle ? Nous avons tout lieu de penser
que c'étoit pour faire allusion à l'Exterminateur
annoncé par la cinquième trompette , et qui
avoit une aigle pour enseigne. De plus il paroît, d'après les plus savantes conjectures des
interprètes, que tel sera aussi l'étendard de
l'Ante-Christ. Nous nous rappelons très-dis-
tinctement, qu'à l'époque où Napoléon se
fit déclarer Empereur, nous entendîmes des
hommes très-graves et très-instruits, se demander : Pourquoi prend-il une aigle pour
enseigne? Pourquoi cette affectation de vouloir
singer les Empereurs Romains? Il y a là-dessous
quelque mystère que nous ne comprenons pas.
— Au reste, ceci n'est point d'une importance
majeure.

Amis de la Religion et de la vérité , per-
mettez, qu'en finissant, nous vous adressions la
parole : nous vous l'avons déjà dit plusieurs
fois , et nous aimons à vous le répéter : c'est
fini. Ne vous affligez pas trop sensiblement
des maux qui existent encore. Quand le Seigneur veut punir les nations coupables , il
avertit, il menace, il tonne long-temps
d'avance, et ce n'est qu'à la dernière extrémité

qu'il laisse échapper de ses mains la foudre vengeresse ; ainsi, quand il se détermine à leur faire miséricorde, il va par degrés, il dispose les événemens avec douceur et suavité. Nous sommes impatiens, toujours pressés; l'attente est pour nous un supplice : c'est que nous ne sommes que des créatures foibles et mortelles. Mais Dieu est patient, parce qu'il est éternel. Il sait que ses amis et ses élus, pour être éprouvés un peu plus long-temps, n'y perdront rien, et n'en seront que plus magnifiquement récompensés. Quant aux méchans, s'il a l'air de prolonger leur prospérité mensongère, il saura bien un jour les trouver; ils ne lui échapperont pas. Consolez-vous donc, et retenez bien, que la trompette des calamités qui vous 'concerne a sonné, et que tout ce qu'elle a annoncé est accompli. Les maux présens passeront plus vîte que vous n'osez l'espérer. Le petit tapage que font encore les impies, n'est rien : c'est le bruit sonore de l'airain qui retentit encore dans vos oreilles, lorsque déjà le marteau a cessé de frapper; ou plutôt, pour nous exprimer d'une manière conforme à la prophétie, le bruit que vous entendez encore, n'est que le dernier écho de la cinquième trompette.

FIN.

www.ingramcontent.com/pod-product-compliance
Lightning Source LLC
LaVergne TN
LVHW022316170726
843503LV00006B/2541

9 782329 691558